KINDERTANZ – beweg dich ganz!
24 Kindertänze fürs ganze Jahr:
Das Liederbuch mit allen Texten, Noten und Gitarrengriffen zum Mitsingen und Mitspielen

Stephen Janetzko

Copyright © 2015 Verlag Stephen Janetzko, Erlangen
www.kinderliederhits.de
Alle Lieder verlegt bei Edition SEEBÄR- Musik Stephen Janetzko, Erlangen
(außer wo angegeben).
Online-Shop im Internet unter **www.kinderlieder-shop.de**
Grafik: Stephen Janetzko (CD-Grafik: Marco Breitenstein)
Fotos: Shutterstock, Pixabay
Notensatz, grafische Vorbereitung und Idee: Stephen Janetzko
All rights reserved.

ISBN-10: 3957220947

ISBN-13: 978-3-95722-094-3

Inhaltsverzeichnis

Lied:	Seitenzahl:
Zähl mit uns die Jahreskinder	1
Tip tap tiddel diddel dap, ich laufe durch den Schnee	2
Wenn alle Indianer jetzt reiten	3
Ägypter-Tanz	4
Der Oster-Rock'n'Roll	5
Riesen und Zwerge	6
Max der kleine Zauberhund	7
Hix-hex, Hexe	8
Ki-Ka-Kuchentanz	9
Bruderherz - komm, tanz mit mir!	10
Ich treibe Sport	11
In meiner Bi-Ba-Badewanne	12
Arriba! (Sommertanz)	13
Disco-Peppo	14
Ich liege auf der Wiese	15
Kleine Mücken tanzen	16
Vogelscheuchen-Schrotti	17
An meiner Schule ist es schön	18
Hand in Hand	19
Hi-Ha-Halloween	20
Laterne, Laterne, komm leuchte für mich	21
Der Kleine-Engel-Tanz	22
Wer hat dem Weihnachtsmann den Mantel geklaut?	23
Schnee, Schnee, Schnee	24

Vorwort

Dies ist das Liederbuch zur gleichnamigen CD von Stephen Janetzko.
Natürlich ist es auch ohne die CD nutzbar.
24 Kindertänze fürs ganze Jahr, zwei für jeden Monat.
Da sind alle Jahreszeiten, Feste und Themen vertreten - also eine perfekte Lieder-Sammlung für das ganze Jahr zum Mitmachen und Bewegen. ...
Und ob Kindertanz, Party, Disco, unterwegs im Urlaub oder zu Hause:
Diese Lieder machen einfach gute Laune!

Die Lieder sind in genau dieser Zusammenstellung separat als CD erhältlich, ebenfalls separat erscheint eine erweiterte Begleitbuchausgabe (zusammen mit Sarah Hößl), die zusätzlich alle Choreografien der Lieder zum Einsatz in Tanzkursen oder für Aufführungen enthält.

Viel Freude beim Singen und Musizieren!

Stephen Janetzko

Zähl mit uns die Jahreskinder

Text und Musik: Stephen Janetzko; CD "Kindertanz - beweg dich ganz!" (zuerst erschienen auf der CD „Zahlenspiel-Lieder", ISBN 978-3-86702-055-8 © Ökotopia-Verlag, Münster) Noten: Edition SEEBÄR-Musik Stephen Janetzko, www.kinderliederhits.de

Refrain: Frühling, Sommer, Herbst und Winter - zähl mit uns die Jahreskinder! Tanz mit uns den Jahrestanz und zeig uns, wie du zählen kannst!

1. 1-2-3, wer kommt schnell herbei? Eins, das ist der Januar, zwei, das ist der Februar, drei, das ist der März, na klar, und schon ist auch der Frühling da!

Refrain: Frühling, Sommer ...

2.
4-5-6, merk dir diesen Text!
4, ja, das ist der April
5 der Mai, du weißt schon viel!
6, das ist der Juni, klar,
und schon ist auch der Sommer da!

Refrain: Frühling, Sommer ...

3.
7-8-9, du bist nicht allein!
7 ist der Juli dann
8 August, hey, du bist dran!
9 September, das ist klar,
und schon ist auch der Herbst dann da!

Refrain: Frühling, Sommer ...

4.
10-11-12, frag mich, und ich helf!
10, Oktober, bald ist Schluss,
11, November, schönen Gruß!
12, Dezember, das ist klar,
und schon ist auch der Winter da!

Refrain: Frühling, Sommer ...

Spielanregung:
Z.B. Jahres-Kreistanz mit Außen- und Innenkreis. Alle stehen zunächst im Kreis und singen den ersten Refrain. Zu den Strophen werden die Monatszahlen mit den Fingern angezeigt, gleichzeitig können zu Beginn der Strophe je 3 Kinder abgezählt werden. Diese können dann auch zu den jeweiligen Liedzeilen aufstehen bzw. vortreten.
Beim 2. Refrain bilden sie dann einen Innenkreis, beide Kreise bewegen sich in Gegenrichtung umeinander.
Bei der 2. Strophe kommen 3 weitere Kinder hinzu usw.

Tip, tap
(tiddel diddel dap, ich laufe durch den Schnee)

Text und Musik: Stephen Janetzko; CD "Kindertanz - beweg dich ganz!"
© Edition SEEBÄR-Musik Stephen Janetzko, www.kinderliederhits.de

Refrain: Tip, tap, tid-del did-del dap, ich lau-fe durch den Schnee.
Tip, tap, tid-del did-del dap, was ich da al - les seh:

1. Weiß be-deckt ist uns-re Er - de, dass es rich-tig Win-ter wer-de.

Refrain.

2. Kahle Bäume, kahle Äste,
dort im Haus bekommt man Gäste.

Refrain.

3. Lichter an den Tannenbäumen;
Kinder, die von Weihnacht träumen.

Refrain.

4. Dicke Stiefel, Pudelmützen,
Vögel, die gen Süden flitzen.

Refrain.

5. Durch den Schnee, wo Spuren führen,
schauen wir nach ein paar Tieren.

Refrain.

6. Schlittschuhlaufen auf den Seen;
kommst du mit, dann lass uns gehen!

Refrain.

Wenn alle Indianer jetzt reiten

Text: Rolf Krenzer; Musik: Stephen Janetzko; CD "Kindertanz - beweg dich ganz!"
© Edition SEEBÄR-Musik Stephen Janetzko, www.kinderliederhits.de

1. Wenn alle Indianer jetzt reiten, jetzt reiten, dann reiten die Indianer alle

so. Yippi-yippi-yo, yippi-yippi-yo, und dann sind die Indianer alle froh.

2. Wenn alle Indianer jetzt schleichen, jetzt schleichen,
dann schleichen die Indianer alle so.
Yippi-yippi-yo, yippi-yippi-yo, und dann sind die Indianer alle froh.

3. Wenn alle Indianer das Lasso jetzt schwingen,
dann schwingen die Indianer alle so.
Yippi-yippi-yo, yippi-yippi-yo, und dann sind die Indianer alle froh.

4. Wenn alle Indianer jetzt stampfen, jetzt stampfen,
dann stampfen die Indianer alle so.
Yippi-yippi-yo, yippi-yippi-yo, und dann sind die Indianer alle froh.

5. Wenn alle Indianer jetzt tanzen, jetzt tanzen,
dann tanzen die Indianer alle so.
Yippi-yippi-yo, yippi-yippi-yo, und dann sind die Indianer alle froh.

6. Wenn alle Indianer jetzt essen, jetzt essen,
dann essen die Indianer alle so.
Yippi-yippi-yo, yippi-yippi-yo, und dann sind die Indianer alle froh.

7. Wenn alle Indianer jetzt niesen, jetzt niesen,
dann niesen die Indianer alle so.
Yippi-yippi-yo, yippi-yippi-yo, und dann sind die Indianer alle froh.

8. Wenn alle Indianer jetzt gähnen, jetzt gähnen,
dann gähnen die Indianer alle so.
Yippi-yippi-yo, yippi-yippi-yo, und dann sind die Indianer alle froh.

9. Wenn alle Indianer dann schlafen, dann schlafen,
dann schlafen die Indianer alle so.
Chrchr-chrchr - oh, chrchr-chrchr - oh! Und dann sind die Indianer alle froh.

Ägypter-Tanz (Die Reise nach Ägypten)

Text: Stephen Janetzko; Musik: Thomas Kornfeld; CD "Kindertanz - beweg dich ganz!"
© Edition SEEBÄR-Musik Stephen Janetzko, www.kinderliederhits.de

2. Ich wollt in Assuan den Staudamm sehn
und auch ins Tal aller Kön´ge gehn.
Sah manche Büste
auch in der Wüste.
In Abu Simbel, da dacht ich:

Refrain.

3. Dann in Hurghada am Roten Meer,
pure Entspannung gefällt mir sehr!
In Liegestühlen -
was kann mich kühlen?
Heiß brennt die Sonne Ägyptens!

Refrain.

Tanzanregung:
Gedacht für kleine Aufführungen im Kindergarten (bei Kostümfesten wie Karneval), zu Themenprojekten in der Grundschule und natürlich auch in der Ferienanimation z.B. in Ferienclubs (Hurghada ist ja ein beliebtes Ferienziel der großen Reiseunternehmen).
Jede Strophe hat eine Bewegungsorientierung:.
1. = Fisch nachahmen/Schwimmbewegungen
2. = Schauen/Besichtigen/Seemannsblick
3. = Entspannen/Liege- oder Ruheposition
Refrain: bringt den Tanz! Zu Beginn assoziativ bewegen. Auf "Geh wie Ägypter krumm" starten mit diesen ägyptischen Armbewegungen a la „Walk Like an Egyptian", und alle drehen sich damit dann im Kreis. So in etwa... viel Spaß!

Der Oster-Rock'n'Roll

Text und Musik: Stephen Janetzko; CD "Kindertanz - beweg dich ganz!"
© Edition SEEBÄR-Musik Stephen Janetzko, www.kinderliederhits.de

Tempo: ca. 152

1. Alle Hasen laufen endlich los - 1-2-3, rennen wie verrückt.
Denn die Eier sind schon bunt gefärbt - 1-2-3, für das Osterglück.
Und sie laufen immer schneller für den großen Tag!
In dem Korb die Ostereier, die ein jeder mag!
Refrain: Das ist der Oster-Rock 'n' Roll, den finden alle Hasen toll! Das ist der Oster-Rock, das ist der Oster-Rock, das ist der Oster-Rock 'n' Roll!

2. Alle Hasen hoppeln hin und her - 1-2-3, hüpfen kreuz und quer.
Um die Ecken, Hecken, jeden Baum - 1-2-3, das ist gar nicht schwer.
Und sie schlagen tolle Haken für den großen Tag!
In dem Korb die Ostereier, die ein jeder mag!

Refrain.

3. Alle Hasen springen in die Luft - 1-2-3, und von Haus zu Haus.
Ganz egal, ob du sie sehen kannst - 1-2-3, hören nicht mehr auf!
Sie verteilen, was sie haben, für den großen Tag!
In dem Korb die Ostereier, die ein jeder mag!

Refrain.

Riesen und Zwerge

Text: Constanze Grüger mit Stephen Janetzko; Musik: Stephen Janetzko; CD "Kindertanz - beweg dich ganz!" © Edition SEEBÄR-Musik Stephen Janetzko, www.kinderliederhits.de

Refrain: Riesen gehn mit Riesenschritten...

2. Riesen steigen über Pfützen, über Pfützen, über Pfützen.
Zwerge wackeln mit den Mützen, mit den Mützen, mit den Mützen.

Refrain: Riesen gehn mit Riesenschritten...

3. Riesen können ganz laut trampeln, ganz laut trampeln, ganz laut trampeln.
Zwerge können dafür hampeln, dafür hampeln, dafür hampeln.

Refrain: Riesen gehn mit Riesenschritten...

4. Riesen können rückwärts gehen, rückwärts gehen, rückwärts gehen.
Zwerge können sich gut drehen, sich gut drehen, sich gut drehen.

Refrain: Riesen gehn mit Riesenschritten...

5. Riesen schlafen überall ein, überall ein, überall ein.
Zwerge wolln in Höhlen rein, Höhlen rein, Höhlen rein.

Gute Nacht! (*schnarch*schnarch*)

Spielanregung: Die Bewegungen ergeben sich gut aus dem Text.
Im Refrain wieder frei durch den Raum und die Strophen am Platz.

Max der kleine Zauberhund

Text und Musik: Stephen Janetzko; CD "Kindertanz - beweg dich ganz!"
© Edition SEEBÄR-Musik Stephen Janetzko, www.kinderliederhits.de

Refrain: Max, der kleine Zauberhund, der bellt (wau, wau!) und dreht sich rund.
dreht sich rund. Die Pfoten hebt er mit Genuss, dann ruft er: Hokus fidibus!
Was kommt jetzt? 1. Alle Kinder springen hoch, springen hoch, springen hoch.
Alle Kinder springen hoch, springen, springen hoch. hoch-Stopp!

Refrain: Max der kleine Zauberhund…

2. Alle Kinder stampfen fest, stampfen fest, stampfen fest.
Alle Kinder stampfen fest, stampfen, stampfen fest…

Refrain: Max der kleine Zauberhund…

3. Alle Kinder tanzen wild, tanzen wild, tanzen wild.
Alle Kinder tanzen wild, tanzen, tanzen wild…

Refrain: Max der kleine Zauberhund…

4. Alle Kinder schlafen ein, schlafen ein, schlafen ein.
Alle Kinder schlafen ein, schlafen, schlafen ein… – Chrrr!

Hix-Hex, Hexe (Heut ist die Walpurgisnacht)

Text: K. Bucher; Musik: Stephen Janetzko; CD "Kindertanz - beweg dich ganz!"
© Edition SEEBÄR-Musik Stephen Janetzko, www.kinderliederhits.de

Tempo: ca. 120

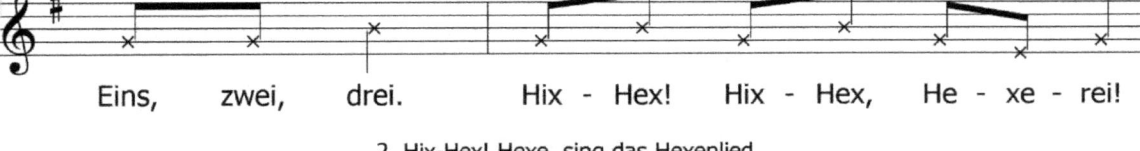

Hix-Hex! Heut ist die Wal-pur-gis-nacht, flugs, die He-xen-be-sen her-ge-bracht. Ein Feu-er wird ent-facht, und al-les singt und lacht. Hix-Hex! Heut ist die Wal-pur-gis-nacht. (Hexe spricht:) A-bra-ka-da-bra! Eins, zwei, drei. Hix-Hex! Hix-Hex, He-xe-rei!

2. Hix-Hex! Hexe, sing das Hexenlied.
   Sing, dann singen alle Hexen mit.
   Sing laut beim Besenritt, auf geht´s im Sauseschritt.
   Hix-Hex! Hexe, sing das Hexenlied.
Hexe spricht: Abrakadabra! Vier, fünf, sechs!
Hix-Hex! Hix-Hex! Hix-Hex, Hex!

3. Hix-Hex! Hexe, hüpf auf einem Bein.
   Hüpf, so hoch du kannst, denn Spaß muss sein.
   Hüpf über Stock und Stein und mach dich klitze-klein.
   Hix-Hex! Hexe, hüpf auf einem Bein.
Hexe spricht: Abrakadabra! Siebn, acht, neun!
Hix-Hex! Hix-Hex! Zauberein!

4. Hix-Hex! Hexe, tanz im Kreis herum.
   Tanz, die Trommel trommelt, fidibumm!
   Tanz wild und dreh dich um, ganz laut mit viel Gebrumm!
   Hix-Hex! Hexe, tanz im Kreis herum.
Hexe spricht: Abrakadabra! Zehn, elf, zwölf!
Hix-Hex! Hix-Hex! Heulen Wölf!

5. Hix-Hex! Hexe, flieg weit durch die Nacht.
   Flieg, denn alle Hexen sind erwacht!
   Flieg, weil es Freude macht, flieg, dass es zischt und kracht.
   Hix-Hex! Hexe, flieg weit durch die Nacht.
Hexe spricht: Abrakadabra! Fidibus!
Hix-Hex! Hix-Hex! Jetzt ist Schluss!*

*Hinweis: Alle Zwischenteile werden gesprochen, gerufen
oder geheimnisvoll geflüstert!

Ki-Ka-Kuchentanz (Meine Mi-, meine Ma-, meine Mutter schickt mich her)

Text und Musik: Stephen Janetzko (mit trad. Textanteilen); CD "Kindertanz - beweg dich ganz!"
© Edition SEEBÄR-Musik Stephen Janetzko, www.kinderliederhits.de

Bruderherz - komm, tanz mit mir!

Text und Musik: Stephen Janetzko; CD "Kindertanz - beweg dich ganz!"
© Edition SEEBÄR-Musik Stephen Janetzko, www.kinderliederhits.de

Refrain: Schwesterherz - komm, tanz mit mir, tanz mit mir, tanz mit mir,
Schwesterherz - komm, tanz mit mir, komm, tanz mit mir.

3. Heben wir den rechten Arm ...
4. Heben wir den linken Arm ...
Refrain: Bruderherz - komm, tanz mit mir ...

5. Klatschen wir doch in die Hand ...
6. Stampfen wir doch mit dem Fuß ...
Refrain: Schwesterherz - komm, tanz mit mir ...

7. Watscheln wir im Kreis herum ...
8. Springen wir doch in die Luft ...
Refrain: Bruderherz - komm, tanz mit mir ...

9. Schließen wir die Augen zu ...
10. Gehn wir in die Hocke nun ...
Refrain: Schwesterherz - komm, tanz mit mir ...

11. Wackeln wir doch mit den Ohr`n ...
12. Halten wir die Nase zu ...
Refrain: Bruderherz - komm, tanz mit mir ...

13. Einen Bauchtanz machen wir ...
14. Setzen wir uns kurz zur Ruh ...

Ich treibe Sport (Das Sport-Lied)

Text und Musik: Stephen Janetzko; CD "Kindertanz - beweg dich ganz!"
© Edition SEEBÄR-Musik Stephen Janetzko, www.kinderliederhits.de

Refrain: Ich trei-be Sport, je-den Tag, je-den Tag. Ich trei-be Sport, je-den

Tag, je-den Tag. 1. Ich spiel Fuß-ball, Fuß-ball, Fuß-ball, ich spiel Fuß-ball im Ver -

ein. Ich spiel Fuß-ball, Fuß-ball, Fuß-ball, ich spiel Fuß-ball im Ver-ein.

2. Ich mag Tennis, Tennis, Tennis, ich mag Tennis, Tennis gern.
Ich mag Tennis, Tennis, Tennis, ich mag Tennis, Tennis gern.
Refrain: Ich treibe Sport...

3. Ich geh schwimmen, schwimmen, schwimmen, ich geh schwimmen überall...
Refrain: Ich treibe Sport...

4. Ich spiel Basket-, Basket-, Basket-, ich spiel Basket-, Basketball...
Refrain: Ich treibe Sport...

5. Und ich jogge... durch den Wald.
6. Ich geh reiten... auf `nem Pferd.
7. Ich mag skifahrn... wenn es schneit.
8. Ich fahr Fahrrad... jederzeit.

Mögliche weitere Strophen:
9. Ich will skaten... in der Pipe.
10. Ich kann springen... hoch und weit.
11. Ich will tauchen... tief im Meer.
12. Ich geh klettern... dicht am Berg.
13. Ich mag rudern... auf `nem Boot.
14. Ich spiel Hockey... auch auf Eis.
15. Ich geh segeln/surfen... auf dem See.
16. Ich mach Fitness... immerzu.
17. Ich geh schlafen... jede Nacht.

Spielanregung: Im Refrain mitklatschen. In den Strophen die jeweils genannten Sportarten imitieren. Dabei Sportarten nach Belieben auswählen. Natürlich können weitere Sportarten ergänzt werden, z.B. Squash, Badminton, Schach, Polo, Kricket, Golf, Tischtennis, Handball, Volleyball, Gewichtheben, Schlittenfahren, Spazieren usw.

In meiner Bi- Ba- Badewanne

Text und Musik: Stephen Janetzko; CD "Kindertanz - beweg dich ganz!"
© Edition SEEBÄR-Musik Stephen Janetzko, www.kinderliederhits.de

Refrain: In meiner Bi-, Ba-, Badewanne...

2. Ich seif meine Füße ein, nana nana na. meine Knie, das ganze Bein, nana nana na.
Gründlich wasch ich meinen Po, nana nana na, Vorderseite ebenso, nana nana na.
Refrain: In meiner Bi-, Ba-, Badewanne...

3. Rücken, Brust und meinen Bauch, nana nana na, schrubb ich kräftig, Arme auch, nana nana na.
Hände waschen, schon gemacht, nana nana na, nun der Hals - wär ja gelacht, nana nana na!
Refrain: In meiner Bi-, Ba-, Badewanne...

4. Haare waschen, Stück für Stück, nana nana na, in den Ohren sitzt noch Dreck, nana nana na.
Schnell noch Nase und Gesicht, nana nana na, nur die Zähne wasch ich nicht, nana nana na.
Refrain: In meiner Bi-, Ba-, Badewanne...

5. So sitz ich von früh bis spät, nana nana na, Leute, wie die Zeit vergeht, nana nana na.
Wasser raus, ich bin noch nass, nana nana na, Handtuch her - das war ein Spaß, nana nana na!
Refrain: In meiner Bi-, Ba-, Badewanne...

Arriba! (Sommertanz)

Text: Stephen Janetzko; Musik: Frank Penning/Reinald Willenberg; CD "Kindertanz - beweg dich ganz!"
© Edition SEEBÄR-Musik Stephen Janetzko, www.kinderliederhits.de
Tempo: ca. 130

1. Hän-de in die Luft, ganz nach o-ben. Fang die Ster-ne Stück für Stück! Schüt-tel Dei-nen Po! Spür den Rhyth-mus! Die Be-we-gung ist das Glück! Refrain: Der Som-mer ist ge-kom-men, die Son-ne steht am Him-mel. Ich freu mich auf den Ur-laub! Ar-ri-ba, ri-ba, ri-ba! Wir ma-chen jetzt ne Sau-se, ne rich-tig fet-te Par-ty! Wir fei-ern oh-ne Pau-se - ho-la, ho-la, ho-la! Le - o - le - o - o - la-la. Le - o - le - o - o - la-la. Le - o - le - o - o - la-la, le - o - le - o - o - la. Le - o - le - o - o - la-la.

2. Runter in die Knie, in die Hocke! Dann ganz langsam wieder rauf!
Rundherum im Kreis, wie ein Zeiger immer weiter und gut drauf!

Refrain:
Der Sommer ist gekommen, die Sonne steht am Himmel.
Ich freu mich auf den Urlaub! Arriba, riba, riba!
Wir machen jetzt ne Sause, ne richtig fette Party!
Wir feiern ohne Pause - hola, hola, hola!
Le-ole-o-olala. Le-ole-o-olala.
Le-ole-o-olala, le-ole-o-ola. Le-ole-o-olala.

Zwischenteil & Refrain.

Disco-Peppo

Text: Constanze Grüger, Musik: Stephen Janetzko; CD "Kindertanz - beweg dich ganz!"
© Edition SEEBÄR-Musik Stephen Janetzko, www.kinderliederhits.de

Refrain: Ja, ich bin der Disco-Peppo...

2. ||: Die Arme wie ein Roboter und Schulterzucken hinterher. :||
Refrain: Ja, ich bin der Disco-Peppo...

3. ||: Die Hände an die Knie ran, jetzt kommt das Hüftekreisen dran. :||
Refrain: Ja, ich bin der Disco-Peppo...

4. ||: Meine Füße lass ich toben, spring mit einem Satz nach oben. :||
Refrain: Ja, ich bin der Disco-Peppo...

>>Applaus<<

Ich liege auf der Wiese
(Kinder-Entspannungs-Lied)

Text und Musik: Stephen Janetzko; CD "Kindertanz - beweg dich ganz!"
© Edition SEEBÄR-Musik Stephen Janetzko, www.kinderliederhits.de

1. Ich liege auf der Wiese und atme tief:
Ein... aus... ein... aus... ein... aus... ein... aus...
Das ist so schön gemütlich, ich bin ganz ruhig und friedlich:
Es geht mir gut!

2. Ich schließe meine Augen und atme tief:
Ein... aus... ein... aus... ein... aus... ein... aus...
Das ist so schön gemütlich, ich bin ganz ruhig und friedlich:
Es geht mir gut!

3. Ich spür die warme Sonne und atme tief:
Ein... aus... ein... aus... ein... aus... ein... aus...
Das ist so schön gemütlich, ich bin ganz ruhig und friedlich:
Es geht mir gut!

4. Ich spür die frischen Gräser und atme tief...
5. Ich fühle mich geborgen und atme tief...

Spielanregung:
Ein Entspannungs-Lied für Kinder für Außen und Innen.
Bitte einen angenehmen und ruhigen sowie möglichst naturnahen Ort wählen
(am schönsten ist es sicher draußen auf einer warmen Sommerwiese).
Die Kinder legen sich auf den Rücken und folgen den Anweisungen
der einzelnen Strophen.
Das Lied kann je nach Alter und Konzentrationsfähigkeit der Kinder
angepasst werden, dies hier ist die auf der o.g. CD verwendete Kurzfassung.
Vorweg und/oder im Anschluss kann eine kleine altergerechte
Fantasiereise gemacht werden.
Evtl. als Abschluss:
6. Ich will mich noch mal strecken und atme tief...

Kleine Mücken tanzen (Der Mückentanz)

Text: Hermann Heimeier/Stephen Janetzko; Musik: Stephen Janetzko; CD "Kindertanz - beweg dich ganz!"
© Edition SEEBÄR-Musik Stephen Janetzko, www.kinderliederhits.de
Tempo: ca. 180

Refrain: Klei-ne Mü-cken tan-zen in der A-bend-son-ne, ih-nen zu-zu-se-hen,

das ist ei-ne Won-ne. A-ber wird es dun-kel, kannst du sie nicht sehn, denn sie flie-gen

heim und schla-fen dort recht schön. 1. Die klei-ne Mü-cke Le-a* tanzt al-lein ein

klei-nes Stück, nun streckt sie aus ihr lin-kes Bein-chen, mal vor und dann zu-rück.

Bein-chen hoch und Bein-chen run-ter, das klappt gut, wie je-der weiß,
Bein-chen hoch und Bein-chen run-ter, jetzt flieg' wie-der in den Kreis!

2. Die kleine Mücke Leon* tanzt allein ein kleines Stück,
nun streckt sie aus ihr rechtes Beinchen, mal vor und dann zurück.
Beinchen hoch und Beinchen runter, das klappt gut, wie jeder weiß,
Beinchen hoch und Beinchen runter, jetzt flieg' wieder in den Kreis!

3. Die kleine Mücke Anna* tanzt allein ein kleines Stück,
nun streckt sie ihren linken Flügel, mal vor und dann zurück.
Flügel hoch und Flügel runter, das klappt gut, wie jeder weiß,
Flügel hoch und Flügel runter, jetzt flieg' wieder in den Kreis!

4. Die kleine Mücke Lukas* tanzt allein ein kleines Stück,
nun streckt sie ihren rechten Flügel, mal vor und dann zurück.
Flügel hoch und Flügel runter, das klappt gut, wie jeder weiß,
Flügel hoch und Flügel runter, jetzt flieg' wieder in den Kreis!

5. Die kleine Mücke Sara* tanzt allein ein kleines Stück,
sie dreht sich 1x um sich selber und dann wieder zurück.
Linksrum drehen, rechtsrum drehen, das klappt gut, wie jeder weiß,
Linksrum drehen, rechtsrum drehen, jetzt flieg' wieder in den Kreis!

6. Die kleine Mücke Finn* tanzt zu uns so ganz allein,
nun streckt sie ihren spitzen Stachel heraus, das ist gemein!
Stachel hoch und Stachel runter, und jetzt ist das Liedchen aus,
Stachel hoch und Stachel runter, nun gibt's tosenden Applaus!

Spielanregung:
Wir bilden einen großen Kreis und fassen uns an den Händen. Beim Refrain tanzen alle im Kreis herum, bis wir zum Ende des Refrains im Kreis stehen bleiben oder wie vorgegeben ruhen.
Bei jeder Strophe spielt ein Kind (* = Vorname des jeweiligen Kindes) die kleine Mücke und fliegt in die Mitte des Kreises. Es macht alle Bewegungen nach, wie sie gesungen werden.
Dabei nehmt ihr als linken und rechten Flügel natürlich eure Arme.
In der 5. Strophe könnt ihr den Stachel bilden, indem ihr vor dem Körper eure beiden gestreckten Zeigefinger zusammenführt. Alle übrigen Kinder dürfen die jeweilige kleine Mücke während der Strophen durch Klatschen unterstützen.
Viel Spaß!

Vogelscheuchen-Schrotti

Text: Constanze Grüger, Musik: Stephen Janetzko; CD "Kindertanz - beweg dich ganz!"
© Edition SEEBÄR-Musik Stephen Janetzko, www.kinderliederhits.de

Refrain: Ich bin Vo-gel-scheu-chen - Schrot-ti, steh tags - ü-ber auf dem Feld. Doch

nachts da kann ich tan-zen, so wie es mir ge-fällt. 1. Ich dreh gern mei-ne Hüf-te,

schrumm-schrumm - schrumm. Ich dreh gern mei-ne Hüf-te, doch fal-le nie-mals um.

Refrain: Ich bin Vogelscheuchen-Schrotti...

2. Ich stampf gern auf den Boden, bumm-bumm-bumm.
Ich stampf gern auf den Boden und dreh mich noch mal um.
Refrain: Ich bin Vogelscheuchen-Schrotti...

3. Ich box gern in die Höhe, poch-poch-poch.
Ich box gern in die Höhe, huch, da ist ein Loch!
Refrain: Ich bin Vogelscheuchen-Schrotti...

4. Ich wackel mit dem Popo, bing-bing-bing.
Ich wackel mit dem Popo, ja, das krieg ich hin.
Refrain: Ich bin Vogelscheuchen-Schrotti...

5. Ich spring gern wie ein Pferdchen, hopp-hopp-hopp.
Ich spring gern wie ein Pferdchen, schnell wie im Galopp.
Refrain: Ich bin Vogelscheuchen-Schrotti...

Abschlussrefrain:
Ich bin Vogelscheuchen-Schrotti,
steh tagsüber auf dem Feld.
Doch nachts muss ich auch schlafen,
träum von der weiten Welt.

An meiner Schule ist es schön

Text und Musik: Stephen Janetzko; CD "Kindertanz - beweg dich ganz!"
© Edition SEEBÄR-Musik Stephen Janetzko, www.kinderliederhits.de

Refrain: An meiner Schule ist es schön,
da lern ich manches zu verstehn.
An meiner Schule, sonnenklar,
da sind wir füreinander da.

1. A-B-C-D - E-F-G-H - I-J-K, ja, das ist klar!
Lernen wir das Alphabet -
wer weiß, wie es weitergeht?

Refrain: An meiner Schule ist es schön...

2. 1-2-3-4-5-6-7
8-9-10, du wirst schon sehn!
Rechnest du auch hin und her -
Zahlen lernen ist nicht schwer!

Refrain: An meiner Schule ist es schön...

3. Do-re-mi-fa-so-la-si-do,
Singen macht mich schlau und froh!
Wenn`s mein Herz zum Himmel zieht,
dann erklingt gewiss ein Lied!

Refrain: An meiner Schule ist es schön...

Spielanregung:
Ein Schullied mit einer Buchstabenstrophe,
einer Zahlenstrophe und einer
Tonleiterstrophe.
Ideal als Klassenlied in der Grundschule,
kann auch zur Einführung der Erstklässler
eingesetzt bzw. aufgeführt werden.

Hinweis: In dieser Notenfassung wurde zum
einfacheren Lernen ein geringerer Tonumfang
gewählt im Vergleich zur Originalversion.

Hand in Hand

Text und Musik: Stephen Janetzko; CD "Kindertanz - beweg dich ganz!"
© Edition SEEBÄR-Musik Stephen Janetzko, www.kinderliederhits.de

2. Bist du ein Türke oder Deutscher? Kommst du vielleicht aus Portugal?
Glaubst du, ein Gott hat uns erschaffen? Das ist letztendlich doch egal!
Sprichst du Französisch oder Polnisch? Bist du schon alt oder ein Kind?
Lebst du von Obst oder Getreide? Schön ist, wenn alle glücklich sind.

3. Manchmal, da seh ich welche streiten, Wieso, weshalb, versteh ich nicht!
Wir sollten miteinander teilen - Tragt in die Dunkelheit ein Licht!
Kommst du aus Westen oder Osten? Und trägst du Kopftuch oder Hut?
Bist du ein Junge oder Mädchen? Ich finde alle Menschen gut!

4. Bist du ein Bäcker oder Maler? Bist Träumer oder Realist?
Ein Jeder kann dem Andern helfen, Auch wenn es noch so wenig ist.
Wir Menschen sollten uns vertragen Und alle Tiere, groß und klein!
Zusammen geht doch alles leichter - Und alle wollen Freunde sein!

Hi-Ha-Halloween

Text: K. Bucher; Musik: Stephen Janetzko; CD "Kindertanz - beweg dich ganz!"
© Edition SEEBÄR-Musik Stephen Janetzko, www.kinderliederhits.de
Tempo: ca. 200

1. Abends, wenn es dunkel ist, hui-hu-hu, und du längst zu hause bist, hui-hu-hu.
   geht ein Raunen durch die Nacht, hui-hu-hu, tausend Geister sind erwacht, hui-hu-hu.

Refrain: Hi-Ha-Hi-Ha-Halloween, Hi-Ha-Hallo-ween, Hi-Ha-Hi-Ha-Halloween, Hui! Die Geister ziehn!
Hi-Ha-Hallo-ween, Hi-Ha-Hi-Ha-Halloween, Hui! Die Geister fliehn!

(gerufen:) Pech und Schwefel, Funken-flug! Hi-ha-hu, das ist ein Spuk!
Raben-schwarze Geisternacht! Hi-ha-hu, es zischt und kracht!

2. Um das Haus schleicht ein Gespenst, hui-hu-hu! Schaut mal, wie es höhnisch grinst, hui-hu-hu! Vielleicht hat es uns gesehn, hui-hu-hu, weil wir hier am Fester stehn, hui-hu-hu!

Refrain: Hi-Ha-Hi-Ha-Halloween...

3. Poltergeister, ganz in weiß, hui-hu-hu, tanzen, rums-di-bums, im Kreis, hui-hu-hu!
Mit den Fackeln in der Hand, hui-hu-hu, spuken sie im Nachtgewand, hui-hu-hu!

4. Jetzt erscheint der Kürbisgeist, hui-hu-hu, dieser ist besonders dreist, hui-hu-hu!
Er klopft laut an unsre Tür, hui-hu-hu, und stampft wie ein Trampeltier, hui-hu-hu!

Refrain: Hi-Ha-Hi-Ha-Halloween...

5. Glockenschlag, um Mitternacht, hui-hu-hu, ist der letzte Geist erwacht, hui-hu-hu!
Er ist uralt, wie man sieht, hui-hu-hu, und singt ein Gespensterlied, hui-hu-hu!

6. Alle Geister tanzen wild, hui-hu-hu! Schrecklich, wie die Bande brüllt, hui-hu-hu!
So dröhnt es die ganze Nacht, hui-hu-hu, bis der neue Tag erwacht, hui-hu-hu!

Spielanregung: Ein Lied für diesen speziellen Tag oder eben für die Zeit, wenn Kinder mit Rüben-, Kürbis- und Melonengeistern durch die Strassen ziehn. Das Lied lässt sich szenisch darstellen und bietet zum Mitsingen und -machen oder für einen Halloween-Tanz genügend Platz. Der Zwischenteil wird von allen laut gerufen.

Laterne
(Laterne, Laterne, komm leuchte für mich)

Text und Musik: Stephen Janetzko; CD "Kindertanz - beweg dich ganz!"
© Edition SEEBÄR-Musik Stephen Janetzko, www.kinderliederhits.de

Refrain: La-ter-ne, La-ter-ne, komm, leuch-te für mich. La-ter-ne, La-ter-ne, komm, schenk mir dein Licht.

1. Ich fürcht mich im Dunkeln kein bisschen mit dir.
La-ter-ne, La-ter-ne, drum bleib hier bei mir.

La-ter-ne, La-ter-ne, ich will mit dir gehn. La-ter-ne, La-ter-ne, mit dir ist es schön.

Refrain.

2. Du schneidest Gesichter, wirfst Schatten so lang.
Wir bleiben zusammen, da wird mir nicht bang.
Du schneidest Gesichter, wirfst Schatten so lang.
Wir bleiben zusammen, da wird mir nicht bang.

Refrain.

3. Wir ziehn durch die Straßen in der Abendstund.
Du leuchtest so schön und so hell und so bunt.
Wir ziehn durch die Straßen in der Abendstund.
Du leuchtest so schön und so hell und so bunt.

Refrain.

4. wie 1.

Refrain.

Der Kleine-Engel-Tanz

Text und Musik: Stephen Janetzko; CD "Kindertanz - beweg dich ganz!"
© Edition SEEBÄR-Musik Stephen Janetzko, www.kinderliederhits.de

Tempo: ca. 168

Refrain: Tanz mit mir den En-gel-Tanz, öff-ne dei-ne Flü-gel ganz! Tanz mit mir den En-gel-Tanz, flieg, so schön du flie-gen kannst! 1. Eins, zwei, drei und vier, klei-ne En-gel, das sind wir! Fünf, sechs, sie-ben, acht, wir sind bei dir Tag und Nacht!

Refrain: Tanzt...

2. Alle tanzen mit,
rundherum im Engelschritt!
Keiner bleibt allein,
alle wollen Engel sein!

Refrain: Tanzt...

3. Eins, zwei, drei und vier,
kleine Engel, das sind wir!
Fünf, sechs, sieben, acht,
wir sind bei dir Tag und Nacht!

Refrain: Tanzt...

Spielhinweis:
Dieser Tanz sollte auch aktiv in Bewegung umgesetzt werden!
Alle Kinder stehen im Kreis.
Refrain: Auf den ersten Vers „Tanz.." klatschen wir alle mit, beim Vers „öffne..." drehen wir uns 90 Grad nach links und strecken Arme und Hände seitlich von uns aus, so dass alle rechten Arme in die Kreismitte, die linken aus dem Kreis heraus zeigen.
Auf „Tanz..." wieder klatschen, und beim Vers „flieg..." drehen wir uns diesmal 90 Grad nach rechts und strecken Arme und Hände seitlich von uns aus, so dass alle linken Arme in die Kreismitte, die rechten aus dem Kreis heraus zeigen.
1. Strophe: Vier Schritte in die Mitte gehen, dann leicht nach vorne beugen und beide Arme hinter dem Körper wie Flügel hochheben („Kleine Engel, das sind wir"). Dann vier Schritte zurück. Beim letzten Vers Arme hoch in die Luft heben und einmal selbst umdrehen.
2. Strophe: Wir gehen im Uhrzeigersinn im Kreis, die Arme dabei wieder seitlich wie Engelsflügel angehoben.
3. Strophe: wie 1. Strophe.

Wer hat dem Weihnachtsmann den Mantel geklaut?

Text: Sabine Kokoreff; Musik: Stephen Janetzko; CD "Kindertanz - beweg dich ganz!"
© Edition SEEBÄR-Musik Stephen Janetzko, www.kinderliederhits.de

Refrain: Wer hat dem Weihnachtsmann ...

2. Vielleicht war`s Franz, der Hund, vielleicht die Rosamund.
   Wo kann der Mantel sein: Ich frag mal Max, das Schwein.
Refrain: Wer hat dem Weihnachtsmann ...

3. Wir suchen überall, sogar im Hühnerstall.
   Der Mantel, der bleibt weg, oh Schreck, oh Schreck, oh Schreck.
Refrain: Wer hat dem Weihnachtsmann ...

4. Ich gehe hinters Haus, und dabei kommt es raus:
   Der Schneemann hat ihn an, da er auch frieren kann.

Refrain: Der hat dem Weihnachtsmann den Mantel geklaut?
Der-der-der, genau der!
Der hat dem Weihnachtsmann den Mantel geklaut?
Der-der-der, genau der!

Refrain: Wer hat dem Weihnachtsmann ...

Schnee, Schnee, Schnee
- Schneemann-Lied und Tanz -

Text und Musik: Stephen Janetzko; CD "Kindertanz - beweg dich ganz!"
© Edition SEEBÄR-Musik Stephen Janetzko, www.kinderliederhits.de

Refrain: Schnee, Schnee, Schnee...

2. Schneemann, Schneemann, 1- 2 - 3. Geh doch nicht so schnell vorbei
   - schenk mir einen Tanz, schenk mir einen Tanz, und bleib ein bisschen hier, und bleib ein bisschen hier.

Refrain: Schnee, Schnee, Schnee...

3. Schneemann, Schneemann, 1- 2 - 3. Geh doch nicht so schnell vorbei
   - wir wolln bei dir sein, wir wolln bei dir sein, drum bleib ein bisschen hier, drum bleib ein bisschen hier.

Refrain: Schnee, Schnee, Schnee...

4. Schneemann, Schneemann, 1- 2 - 3. Geh doch nicht so schnell vorbei
   - Winter ist so kurz, Winter ist so kurz, drum bleib ein bisschen hier, drum bleib ein bisschen hier.

Refrain: Schnee, Schnee, Schnee...

5. Schneemann, Schneemann, 1- 2 - 3. Geh doch nicht so schnell vorbei
   - du willst doch nicht fort, du willst doch nicht fort,
   komm, bleib ein bisschen hier, komm, bleib ein bisschen hier.

Refrain: Schnee, Schnee, Schnee...

Raum für eigene Notizen:

www.kinderliederhits.de

DIE CD ZUM BUCH...

...eine Kooperation mit dem Berufsverband Deutscher Tanzlehrer e.V.:

Stephen Janetzko:

CD KINDERTANZ - beweg dich ganz! *24 Kindertänze fürs ganze Jahr*

Alle Liedtitel der CD:
1. Zähl mit uns die Jahreskinder
2. Tip tap tiddel ... ich laufe durch den Schnee
3. Wenn alle Indianer jetzt reiten
4. Ägypter-Tanz
5. Der Oster-Rock'n'Roll
6. Riesen und Zwerge
7. Max der kleine Zauberhund
8. Hix-hex, Hexe
9. Ki-Ka-Kuchentanz
10. Bruderherz - komm, tanz mit mir!
11. Ich treibe Sport
12. In meiner Bi-Ba-Badewanne
13. Arriba! (Sommertanz)
14. Disco-Peppo
15. Ich liege auf der Wiese
16. Kleine Mücken tanzen
17. Vogelscheuchen-Schrotti
18. An meiner Schule ist es schön
19. Hand in Hand
20. Hi-Ha-Halloween
21. Laterne, Laterne, komm leuchte für mich
22. Der Kleine-Engel-Tanz
23. Wer hat dem Weihnachtsmann den Mantel geklaut?
24. Schnee, Schnee, Schnee   - Gesamtspielzeit ca. 75 min.

Über die CD: 24 Kindertänze fürs ganze Jahr, zwei für jeden Monat. **Da sind alle Jahreszeiten, Feste und Themen vertreten – also eine perfekte Lieder-Sammlung** für das ganze Jahr zum Mitmachen und Bewegen. ... Und ob Kindertanz, Party, Disco, unterwegs im Urlaub oder zu Hause: **Diese CD macht einfach gute Laune!**

„Kindertänze regen die Fantasie der Kinder an. Diese Kindertanz-CD bietet eine perfekte Lieder-Sammlung für das ganze Jahr. Zu jedem dieser Lieder habe ich eine Choreografie entwickelt, die auf die Bedürfnisse der Kinder eingeht und diese fördert. Seit 2009 leite ich beim Berufsverband Deutscher Tanzlehrer e.V. das Kindertanz-Ressort und kümmere mich um die Ausbildung der BDT-Kindertanz-Fachlehrer.
Ich wünsche allen viel Freude mit der Musik und viel Spaß beim Tanzen!"

Zielgruppe ca. 3-99 Jahre/ Best.-Nr. 91033-282 / ISBN 978-3-95722-056-1

... mehr Info, mehr CDs, mehr Lieder & Noten:
www.kinderliederhits.de

Alle Rechte vorbehalten.

Dieses Werk ist urheberrechtlich geschützt. Jegliche Vervielfältigung und Verwertung ist nur mit Zustimmung der Autoren bzw. des Verlags zulässig. Das gilt insbesondere für Übersetzungen, die Einspeicherung und Verarbeitung in elektronischen Systemen sowie für das öffentliche Zugänglichmachen wie zum Beispiel über das Internet.
Ein Nachdruck oder eine Weiterverwertung ist nur mit schriftlicher Genehmigung des Verlags möglich.

© Verlag Stephen Janetzko, **www.kinderliederhits.de**

www.ingramcontent.com/pod-product-compliance
Lightning Source LLC
Chambersburg PA
CBHW081503040426
42446CB00016B/3378